© 2021 Il Giardino di Archimede
      Un Museo per la matematica

Stampato da Lightningsource
Traduzione di Flavia Giusti e Gianni De Stefani
Edito da Adverbage Ltd.

Enrico Giusti

Awa 'mpara a contà

Illustrazioni di Simone Frasca

Glio paese che 'n sapeva contà

Tanto, tanto ma tanto tempo fa, mmeso all'Africa ci steva na uttarella che se chiamava Awa. 'Nzembra agl'atri Awa steva abbità a co' de glio fiume, propria andó finisceva

glio bosco. 'Mmeso aglio bosco era sempre scuro i era facile perdese, i Awa 'n ci ieva mai da sola, perché la madre c'era ditto ca ci poteva i' bia co essa.

Dalla parte 'ndó nasceva glio sole ci steveno tante pianura co' tutte specie d'animali, grossi, piccoli i mezzani, certi colle corna i cert'atri co' glio coglio longo longo; ma pure alloco Awa 'n ci poteva i', ca ci steveno gli leoni, gl'alifanti e tante bestie che te se magnaveno senza manco datte glio tempo de dici pio. Ci poteveno i' bia gli mmammocci più grossi, quando ieveno a caccia 'nzembra agli ommeni.

'Mmeci gli utteri più zichi accomme Awa sceveno dalle capanne 'nzembra a le madri i ieveno aglio bosco pe trovà ca cosa da magnà i pe 'mparasse a reconosce gli frutti boni a magnà da chigli cervi o n'sia mai chigli velenosi. Gl'atri utteri, chigli propia zichi zichi che steveno ancora attaccati alla zizza, aremaneveno aglio paese 'nzembra alle madri, che 'ntanto pulisceveno pe' tèra i preparaveno da magnà.

N'zomma, no paese béglio pulito. Accome tanti atri de allora. Ma a tutti 'sti paesi, nisciuno de chi ci steva abbità sapeva contà.

Mo tu diciarai: "non sapeveno scrive gli numbri". None!, nonn'è ca gni sapeveno scrive – i si è pe' chesso, non sapeveno scrive manco le lettere – gli numbri 'n ci steveno propia.

Mo 'nte te' da crede ca non sapeveno si le cose ereno tante o poche, presempio che pe' issi cento cerasa ereno uguali a cinco; chesso le sapeveno, ma non teneveno le parole pe' dice che nummero era.

Uno gli sapeveno, doa gli sapeveno, i aiecco se fermaveno; chello che veniva doppo era "de più".

"De più" poteva esse tutto.

– Quante cerasa te si' tuto?

– *De più,* i poteveno esse cinco o cento.

– Quanti uccellitti ci stavo 'ncima a chiglio ramo?

– *De più,* i magara ereno bia tre.

Te pare gnente, ma glio fatto ca nisciuno sapeva contà era no problema. Quando cachetuno ieva aglio bosco i vedeva ca arbro de percoca o de molangola, coreva pe' dille agl'atri.

– Quanti albri ci stavo?

– *De più,* aresponneva. Chigli allora toglieveno le canestra i ieveno tutti aglio bosco pe areccoglie chiglio ben de dio … ma gli arbri ereno bia tre i le canestra aremmaneveno vote.

N'atra vota uno ieva a caccia i vedeva tante bestie co le corna, coreva a chiamà gl'atri: veneteme a iutà.

– *Quante so'?*

– *De più.*

I magara doa o tre ommeni ci ieveno appresso, ma le bestie ereno tante i issi se denevedena i', ca chigli ereno puro periculusi, i gli poteveno 'ntuzzà co le corna.

Awa 'nventa glio numbro tre.

No giorno Awa, chella uttarella, era ita aglio bosco pe' trovà ca cosa da magnà. Vidivo tre petata de chelle doci, i le steva p'ariccoglie, ma s'aricordavo che la madre c'era ditto che se vedeva ca cosa glie le teneva da fa vede' p'esse sicura ch'era bona da magnà.

Ivo curenne dalla madre.
– Ma' ... ci stavo le petata.
– Quante ne so'?

Steva pe di' "de più", ma se stivo zitta ca la madre prima de icci appresso poteva ittà na voce a l'atre femmene pe i' tutte 'nzembra a toglie le petata.

Se mettivo a pensà, i doppo dicivo:

– *Undo.*

– Che?

– *Undo,* arepetivo Awa.

– Undo?

La madre 'n capisceva i steva pe' perde la pacienza.

– Ma 'nzomma, uno o doa?

– Uno i doa. "I", ma', uno "i" doa, *undo*.

I pe 'n perde tempo co le chiacchere, Awa aroprivo le mai; co la mancina arizzavo no tito, co l'atra n'arizzavo doa, i 'ntanto diceva; "*Un, do ... un, do*" no numbro appresso agl'atro.

– "Ah", dicivo la madre, ch'era capito poco o gnente de chello che steva a dì Awa, "iamo a vedé".

'Nzembra iereno andó steveno le petata. Awa azzincavo alla madre la prima petata i dicivo "un". Doppo ce n'azzincavo n'atre doa i dicivo "do". "Un, do, un, do" arepetivo; "si ccapito?"

Tanti numbri.

"Undo" dicivo la madre, che 'ntanto steva a guardà da 'n'atra parte, drete a Awa, perché era visto 'n'atro campo andó ci steveno "de più" de petata. Ci iettero 'nzembra, i la madre ci dicivo d'areccoglie bia le più grosse.

Awa ne toglivo una propia grossa, la mettivo dentr'a glio canistro, i dicivo:

– Dodo.

La madre era comenzato a capisce, i agli occhi ce sse vedeveno le luccicandrelle. Toglivo 'n'atra petata i dicivo

– Undodo.

Awa n'acchiappavo 'n'atra …

– *do do do*, i la mettivo aglio canistro.

Pareva ca steveno a giocà. Areccoglieveno le petata i come 'na musica cantaveno:

— *un do do do, do do do do, …..*

i arideveno accomme matte. Doppo 'na cica glio canistro era beglio pino i la madre toglivo Awa pe' lla mai, se mettivo glio canistro 'ncapo, i tutte i doa se n'aretornareno aglio paese cantenne cantenne.

Cose da utteri.

Ci potete scommette ca aglio paese Awa n'se stivo zitta. Chiamavo gli compagni i le compagne, i c'ariccontavo chello ch'era fatto aglio campo colla madre. Le petata se l'era tote la madre, i pe' fa vede' accomme se teneva da contà toglivo le brecce.

Gli utteri capiscerono subbito, i comenzarono a striglià "un do do do", "do do do do" … i faceveno a chi diceva più "do" senza arefiatà.

Doppo na cica tutto glio paese conosceva la storia delle petata i delle brecce, che arrivavo alle recchie deglio capo. Glio capo mannavo a chiamà Awa i se facivo arrecontà tutto chello ch'era fatto. Ci pensavo, se le facivo arrecontà 'n'atra vota, c'arepensavo i dicivo:

– Chesse so' cose da utteri. Non serveno a gnente.

– Ma … – comenzavo Awa

– A gnente. Se mo' i te dico ca tengo *dodododo* petata, tu che capisci?

– Ca so' tante. De più de doa.

– Imbè? de più. Chesso le sapevemo puro senza tutti ssì *dodododo*.

Awa se stivo zitta perché non sapeva ch'aresponne i se ne ivo co la coda mmeso alle zampe.

– 'Sti mmamocci, pensavo glio capo. Se credono ca savo tutto, i 'mmeci se tedono da 'mparà, i tanto.

Awa conta co' le teta.

'Ntanto Awa steva avilita: se credeva c'era trovato chi sa che, i 'mmeci co ddu parole glio capo l'era smontata. Però, pensava, na cica de ragione glio capo la tè: co tutti ssi dodododo n'se capisce gnente. So' troppo uguali: accomme se vede la differenza tra *dodododo* e *dododododo*?

Uno tè da contà gli *do*. Ma allora è megli contà le petata senza tutti gli *dodo*.

Mentre ca diceva accosì facivo na pensata.

Ise cconto colle mai? Arizzavo 'no tito i dicivo "uno". Doppo 'n'atro tito, "doa". Arizzavo 'n'atro tito, i … steva pe' di' *undo*, ma se fermavo. "Aiecco arecomenzamo co *dododo* …" pensavo. Ci tengo da trovà 'n'atro nome, ca sennò è megli ca faccio vede' le mai i abbasta. Allora dicivo la prima cosa ca ci venivo 'mmente: "tre", i arecontavo le teta ch'era arizzate: "uno, doa i tre".

Mo arizzavo 'n'atro tito, i dicivo "meno uno" perché ce ne mancava bia uno pe' finisce la mai. I doppo "tutta la mai".

Awa era trovato gli nomi pe' tutte le teta de 'na mai. Gl'atri ci venerono subbito:

"na mai i uno, na mai i doa, na mai i tre".

Aiecco se fermavo na cica, ma ci venivo subbito 'mmente "quasi tutto, tutto".

Le mai ereno finite, i Awa arepassavo gli numbri pe 'n se gli scordà:

- uno
- doa
- tre
- meno uno
- na mai
- na mai i uno
- na mai i doa
- na mai i tre
- quasi tutto
- tutto.

Ci pareva ch'era fatto bè, i ivo dagli compagni pe' dicci chello ch'era pensato.

Più de tutto.

Mmeci de tutti gli *dodododo*, mo gli utteri contaveno co' gl'atri numbri. Sta vota Awa 'n ci ivo daglio capo, i non dicivo gnente a nisciuno. Ma a forza de senti' gli utteri che contaveno, doppo 'na cica puro gli ommeni grossi comenzaveno a contà co' gli numbri novi.

– Uttarè, va a fà la matta – diceva glio padre.

– Quante frasche tengo da toglie?

– Ci abbasta 'na mai.

'N'atro diceva:

– Tengo da arefà sto muritto; me ci volo na mai i du' prete.

'Ntanto gli utteri arepetevano gli numbri quasi cantenne, i doppo na cica se gl'ereno 'mparati. Ma 'na vota uno, ca chi sa a che steva a pensà, dicivo:

– … Quasi tutto, tutto, tutto i uno, tutto i doa….

Pe' na cica gl'atri mmamocci gli sterono a senti', ma doppo comenzarono a dicce le nommera:

– Si' propia 'ntrunto, 'mpiastro! Tutto è tutto, i doppo 'nci sta gnente!

I arecomenzarono a contà accomme prima.

Ma Awa ci arepensavo:

– Ma è propia sicuro ca doppo tutto 'nci sta gnente? Perché 'na cosa è tutto tutto, accomme tutto glio munno, allora sì ca doppo 'nci sta gnente, i na cosa è tutto glio numbro: chiglio se chiama tutto, ma nonn'è propia tutto, uno po' dice puro "du' mai", i magari po' contà colle mai i puro cogli pedi. Perché, 'nze po' fà?

I provavo a di':
- tutto i uno
- tutto i doa
- tutto i tre
- manca uno i tutto
- 'no pede i tutto
- pede i uno i tutto
- pede i doa i tutto
- pede i tre i tutto
- quasi tutto i tutto
- tutto i tutto..

No, "tutto i tutto" no ieva be'. Allora 'mmeci de "tutto i tutto" dicivo "mai i pedi". Mo' sì ca ieva be'. I doppo? Doppo ci steva bia "de più".

Awa arechiamavo tutti gli compagni, i doppo 'na cica s'ereno 'mparati tutti gl'atri numbri i contaveno co' tutte le teta delle mai i degli pedi.

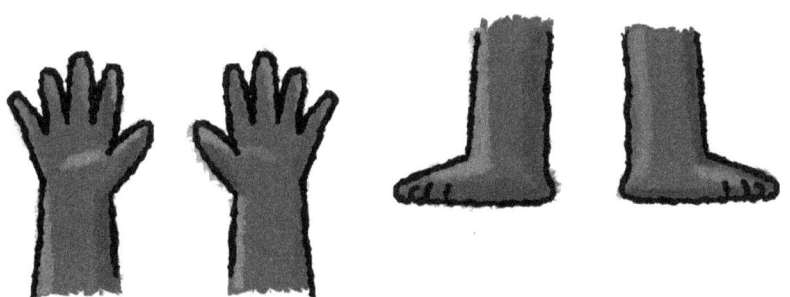

Tanti anni doppo.

Pe' tanti anni tutti contaveno cogli numbri de Awa, ma piano piano comenzaveno a cagnà de nome. Perché tenemo da parlà de mai i pedi? Se fa bia confusione; è megli ca ci mettemo ca' nome più curto, senza mette 'mmeso le mai i gli pedi.

Uno, doa i tre ieveno be', ma gl'atri no, se teneveno da cagnà. I accosì, na cica pe' vota, s'arivavo a contà accomme mo': 'mmeci de "meno uno" se dicivo "quattro", 'mmeci de "na mai" se dicivo "cinco", i doppo "sei, sette, otto, nove i dieci".

Gl'atri numbri prima gli lassareno accomme steveno, i levarono bia le mai i gli pedi: "uno i dieci, doa i dieci, ..." fino a "dieci i dieci".

Ma doppo comenzareno a penzà ca saria megli 'na parola bia, i accosì "uno i dieci" diventavo "un-dici", "doa i dieci" diventavo "do-dici", i tutti gl'atri fino a "mai i pedi" c'addiventavo "vinti". Doppo ci steva sempre "de più". Ma no giorno …

'No uttero, che se chiamava Gau, ci venivo da pensà: "perché se tenemo da fermà a vinti? Quando se diceva "mai i pedi" uno se poteva crede ca doppo 'nci steva gnente, ca le teta ereno finite. Ma mo', doppo vinti ci po' stà "vinti-uno, vinti-doa, vinti-tre … vinti-dieci, vintiundici … vinti-diciannove". Steva pe' di' vinti-vinti, ma se fermavo. No, è megli "doa-vinti", perché se po' continuà: "doa-vinti-uno, doa-vinti-doa, doa-vinti-tre … Pareva ca gli numbri non finisceveno mai: "tre-vinti, quattro-vinti, …".

Gau era troppo contento, i curivo subbito a dille alla madre, che era –'ndovina chi?– propia Awa, che mo' s'era fatta grossa i n'era più la uttera de 'na vota.

– Chesse so' cose da mmamocci – dicivo Awa. Non serveno a gnente. Che c'importa de sape' si ann'albro ci stavo –accomme dici?– vinti-tre perseche o vinti-cinco? Fino a vinti, va be', ma doppo "de più" abbasta i avanza.

Gau se stivo zitto perché non sapeva ch'aresponne i se ne ivo co la coda mmeso alle zampe.

– 'Sti mmamocci, pensavo Awa. Se credono ca savo tutto, i 'mmeci se tedono da 'mparà, i tanto.

Gau steva avilito, ma duravo poco. Co' gl'atri utteri arivareno a contà fino a cento, a mille, i puro de più. Accome facemo mo' nui.

QUANTO C'È DI VERO NELLA NOSTRA STORIA?

I numeri sono nati nella preistoria e noi non sappiamo niente di certo su come gli uomini abbiano imparato a contare con numeri sempre più grandi. Conosciamo però come contano alcune tribù primitive, e da questo possiamo immaginare come i numeri siano nati e si siano sviluppati.

Gli Yamana della Terra del Fuoco usano solo due parole: *ūkoali* per indicare uno e *kembai* per il due. Per insiemi più numerosi si servono del termine *metan*, letteralmente "un poco".

Alcune tribù dell'Oceania e i Bakairi del Brasile usano due parole che ripetono per i numeri più grandi. I numeri dei Bakairi sono:

1   *tokàle*
2   *ahàge*
3   *ahàge tokàle*
4   *ahàge ahàge*
5   *ahàge ahàge tokàle*
6   *ahàge ahàge ahàge*

Gli indiani Mosquito e Pawnee contano con le dita delle mani. I numeri dei Mosquito sono:

1   *kumi*
2   *wal*
3   *niupa*
4   *wal-wal*
5   *mata sip* (dita della mano)
6   *matlalkabe* (dita della mano superate)
7   *matlalkabe pura kumi* (dita della mano superate e 1)
8   *matlalkabe pura wal* (dita della mano superate e 2)
9   *matlalkabe pura niupa* (dita della mano superate e 3)
10 *mata wal sip* (dita delle due mani)

mentre i Pawnee dicono:

1   *askoo*
2   *peetkoo*
3   *touwett*
4   *shkeetiksh* (tutte le dita)
5   *sheeooksh* (la metà delle mani)
6   *sheekshabish* (metà delle mani superata)

7	*peetkoosheekshabish*	(seconda metà delle mani superata)
8	*touweetsheekshabish*	(terza metà delle mani superata)
9	*looksheereewa*	(meno di 10)
10	*looksheeree*	

Ancora oggi, molte lingue hanno un sistema di numerazione per ventine. Ad esempio in francese per dire ottanta si dice *quatre-vingts* (quattro-venti) e per novanta *quatre-vingt-dix* (quattro venti e dieci). Questo sistema è completo in irlandese antico:

10	*deich*	
20	*fiche*	
30	*fiche a deich*	(venti e dieci)
40	*dhá fhichead*	(due ventine)
50	*dhá fhichead a deich*	(due ventine e dieci)
60	*trí fichid*	(tre ventine)
70	*trí fichid a deich*	(tre ventine e dieci)
80	*ceithre fichid*	(quattro ventine)
90	*ceithre fichid a deich*	(quattro ventine e dieci)

www.ingramcontent.com/pod-product-compliance
Lightning Source LLC
Chambersburg PA
CBHW061816290426
44110CB00026B/2885